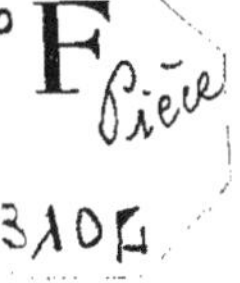

THÈSE

POUR LA LICENCE.

CETTE THÈSE SERA SOUTENUE PUBLIQUEMENT,

LE MERCREDI 21 AOUT 1850,

DANS LA SALLE DE LA FACULTÉ DE DROIT DE CAEN,

PAR

Albert-Charles CHRISTOPHLE,

Né à Domfront le 13 juillet 1830.

DE L'ACTION EN NULLITÉ OU EN RESCISION QUI APPARTIENT AU MINEUR.

CAEN,

CHEZ A. HARDEL, IMPRIMEUR-LIBRAIRE, RUE FROIDE, 2.

1850.

THÈSE

POUR LA LICENCE.

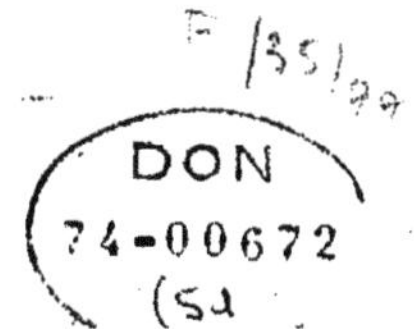

THÈSE

POUR LA LICENCE.

CETTE THÈSE SERA SOUTENUE PUBLIQUEMENT,

LE MERCREDI 21 AOUT 1850,

DANS LA SALLE DE LA FACULTÉ DE DROIT DE CAEN,

PAR

Albert-Charles CHRISTOPHLE,

Né à Domfront le 19 juillet 1830.

DE L'ACTION EN NULLITÉ OU EN RESCISION QUI APPARTIENT AUX MINEUR.

CAEN,

CHEZ A. HARDEL, IMPRIMEUR-LIBRAIRE, RUE FROIDE, 2.

1850.

A MON PÈRE. — A MA MÈRE.

DE L'ACTION EN NULLITÉ OU RESCISION

QUI APPARTIENT AU MINEUR.

La législation Romaine, défiante et soupçonneuse à l'excès, avait pris contre la mauvaise foi des tiers contractant avec le mineur les précautions les plus exagérées.

Les actes du mineur *infans* ou *infanti proximus* étaient nuls d'une nullité absolue, sauf quelques exceptions motivées par son intérêt flagrant ou la nécessité de sa coopération.

Le mineur *pubertati proximus* pouvait valablement agir seul, lorsque l'acte ne demande de la part de son auteur que l'intelligence de ce qu'il fait. Dans ce cas, encore, si les tiers étaient obligés envers lui, il ne l'était à leur égard que jusqu'à concurrence de ce dont il s'était enrichi.

Enfin le mineur de 25 ans qui n'avait pas reçu de curateur pouvait bien contracter des obligations, obliger les tiers envers lui et s'obliger envers les tiers. Mais il pouvait toujours invoquer le bénéfice de la *restitution en entier.* — Quand le mineur de 25 ans avait reçu un curateur sur sa demande, les actes qu'il faisait sans son assistance étaient nuls de plein droit, *mero jure ;* de même ceux pour lesquels les formalités prescrites n'avaient pas été observées, bien que le tuteur y eût concouru. — Enfin, alors même que ces formalités avaient été remplies , le mineur pouvait se faire restituer en prouvant la lésion ou l'inopportunité de l'acte dont il se plaignait.

Tels étaient, en cette matière, les principes de la loi Romaine qu'on n'accusera pas d'avoir sacrifié l'intérêt du mineur, du moins son intérêt immédiat , direct dans la convention , à l'équité qui doit présider aux obligations.

Dans notre ancienne jurisprudence encore imbue des principes romains, le luxe de la protection légale avait cependant diminué , et si on laissait au mineur alléguant la simple lésion un recours contre les actes d'aliénation, partages, emprunts, etc. , etc. , dans lesquels les formalités avaient été observées , il ne pouvait attaquer du moins les actes de pure administration de son tuteur. « Les mineurs, dit « Pothier, ne sont pas restitués pour cause de lésion contre les actes « qu'ils ont faits depuis leur émancipation , ou *contre ceux que leurs* « *tuteurs ont faits avant leur émancipation , lorsque ces actes sont de* « *pure administration nécessaire* ; par exemple : contre des baux de « leurs héritages pour le temps qu'on a coutume de faire des baux, « etc........ » (Tr. de la procéd. civ. , part. 5 , ch. IV). — La logique n'est pas moins blessée dans ce système que l'équité dans la loi Romaine ; ou ne comprend pas qu'on accorde au mineur un recours contre ces actes entourés par la loi des garanties les plus minutieuses , lorsqu'on lui refuse action pour attaquer ceux qu'elle a permis au tuteur agissant seul , à sa guise , sans ces formalités spéciales qui protègent, dans les aliénations , les emprunts , etc. , les intérêts du mineur.

Cette législation bizarre est en pratique des conséquences préjudiciables au mineur lui-même. Par suite de la révocabilité qui planait sur ces actes que la loi avait cependant environnés de sages précautions , les tiers durent s'éloigner des conventions auxquelles les mineurs étaient intéressés. « Vainement on aura observé les « formalités, avis de parents, rapports d'experts, décrets du ma- « gistrat ; tout cela n'empêche pas que le mineur ne puisse rentrer

« dans son bien , s'il se trouve quelque lésion.... Il n'y a pas d'as-
« surance plus grande que d'acheter l'immeuble du mineur plus
« cher qu'il ne vaut. (Henrys, t. II , p. 257.)

Le Code civil a , nous le croyons , rejeté le système romain tout
entier , et , en refusant comme l'ancienne jurisprudence au mineur
un recours pour simple lésion contre les actes d'administration de
son tuteur , il a consacré en outre l'irrévocabilité de ces actes spéciaux , aliénations , partages de succession , etc. , consentis par le
tuteur avec les formalités prescrites. — Le Code a fait plus encore ;
il attribue au mineur une capacité relative , et lui refuse , sauf le
cas de lésion , l'action en rescision contre les actes d'administration
que le tuteur peut faire seul et que lui , mineur , aurait faits à sa
place.

Nous rechercherons dans cette thèse :

1°. Dans quels cas l'action en nullité ou en rescision appartient
au mineur , en d'autres termes , quelle est la nature de l'incapacité
du mineur.

2°. Quels sont les effets de cette action en rescision ?

3°. Quelle est sa durée ?

I.

*Dans quels cas le mineur peut-il exercer l'action en nullité ou en
rescision.*

Avant d'entrer dans l'étude de cette question complexe, il est
bon de faire observer qu'il n'existe plus aujourd'hui entre l'action
en nullité et l'action en rescision de différence en ce qui concerne
la durée ou le mode d'exercice, bien qu'elles diffèrent sous le rapport
du fondement sur lequel elles reposent et sur la preuve qu'elles
exigent.

L'action en nullité a pour base, en effet, l'omission des formalités essentielles à la validité de l'obligation attaquée : la preuve doit nécessairement porter sur l'absence des conditions exigées pour sa formation.

L'action en rescision est fondée uniquement sur la lésion. Bien que l'obligation soit valable en elle-même, la loi accorde, dans certaines circonstances déterminées ou en faveur de quelques personnes, le mineur par exemple, le droit de faire résoudre l'obligation entachée de lésion. — La preuve que le demandeur en rescision doit administrer portera sur la lésion.

Une dernière différence que nous devons signaler entre l'action en nullité et l'action en rescision, c'est que la partie contre laquelle l'action en rescision est intentée peut arrêter l'instance en offrant une indemnité égale à la lésion alléguée.

Ces différences sont consacrées par la loi (1304-1305-1681 ; mais la durée, le mode d'exercice de chacune d'elles n'en est pas moins identique.

Ceci posé, revenons à notre question — Dans quels cas l'action en nullité ou en rescision appartient-elle au mineur ?

I. Et d'abord, le mineur est-il restituable contre tous les actes qu'il a consentis sans l'assistance de son tuteur, en prouvant le fait seul de la minorité ? — Ou faut-il lui reconnaître une capacité relative à certains actes, qui l'oblige jusqu'à concurrence de lésion ?

On a prétendu que le mineur est absolument incapable de s'obliger, que tous ses actes sont nuls de plein droit, qu'il y ait ou non lésion, qu'il s'agisse de concession de droits réels ou d'actes d'administration. A l'appui de ce système on invoque l'art. 1124 qui proclame, dit-on, l'incapacité absolue du mineur, et établit en sa faveur une présomption de lésion *juris et de jure*, pour tous les actes qu'il a consentis seul en minorité. — L'art. 1305 sur lequel se fonde la doctrine contraire accorde au mineur, il est vrai, l'action en rescision pour simple lésion. — Mais cet art. n'a pas en vue le cas où le mineur contracte sans l'assistance de son tuteur : il prévoit l'hypothèse inverse, celle où le mineur s'est obligé avec l'autorisation tutélaire.

Et d'ailleurs, ajoute-t-on, accorder au mineur une capacité relative, déclarer qu'il peut, dans certains cas, s'obliger sans le concours et l'assistance de celui que la loi a déclaré son représentant, non mandataire, n'est-ce pas bouleverser l'organisation de la tutelle, et rendre illusoires ces entraves protectrices que le législateur a posées au-devant de son imprévoyance? La loi, dans le titre entier de la tutelle, donne au tuteur plein pouvoir pour administrer, plaider, transiger au nom du mineur qui ne peut rien par lui-même; et l'on va, contrairement aux prescriptions légales, créer auprès du tuteur une capacité restreinte, c'est vrai, mais qui peut néanmoins contrarier l'unité de son administration et compromettre, par son antagonisme, les intérêts du mineur !

Ce n'est pas là, du reste, la seule inconséquence de ce système. — Ne va-t-il pas arriver que le mineur du droit commun, le mineur non émancipé, va se trouver moins efficacement protégé que le mineur émancipé, celui dont la loi a étendu la capacité, pour lequel elle a restreint sa protection. — L'art. 484 accorde, en effet, au mineur émancipé l'action en réduction, quand, en vertu de son droit d'administration, il fait des achats inutiles, excessifs; et l'art. 485 ajoute que le mineur émancipé dont les achats auraient été réduits pourra, si les tribunaux le jugent convenable, être privé du bénéfice de l'émancipation.

Supposons maintenant que le mineur non émancipé puisse faire des actes d'administration, des achats, par exemple. Pourra-t-il les faire réduire, s'ils sont contractés à juste prix, quoiqu'ils soient exagérés eu égard à sa fortune, à ses besoins? — Si l'on admet que le mineur non émancipé a capacité pour faire seul des actes d'administration, il faut répondre négativement. — Ainsi donc, le mineur non émancipé ne pourra exercer l'action en réduction, car l'art. 484 n'a pas été fait pour lui : il ne pourra non plus demander la nullité pour lésion , car nous avons supposé les achats contractés à juste prix. — La bizarrerie de ces conséquences prouve d'une manière éviden te que la loi n'a pas entendu accorder au mineur ordinaire une capacité qui le mettrait, au point de vue de la protection légale , au-dessous du mineur émancipé.

Et comment dans ce système expliquer l'art. 485 ? Le législateur a eu pour but sans doute, en l'édictant, d'enlever au mineur émancipé une liberté d'action, une capacité dont on ne le reconnaît pas d gne : il a voulu apparemment le replacer sous une loi plus sévère, plus protectrice. — Il résulterait de la doctrine qui reconnaît au mineur non émancipé capacité pour faire des actes d'administration, que la disposition de l'art. 485 serait parfaitement inutile, puisque le mineur pourrait faire après le retrait de l'émancipation tout ce qu'il pouvait faire avant , puisqu'alors même sa capacité serait plus large !

La jurisprudence n'a pas admis ce système peu moral ; — elle n'a pas voulu proclamer l'impuissance civile du mineur. Elle a, au contraire, reconnu à ses engagements une force obligatoire qui l'empêche d'en demander la nullité toutes les fois qu'il n'a pas éprouvé de préjudice. — Voici les bases sur lesquelles elle a fondé ses décisions.

L'art. 1124 proclame, il est vrai, l'incapacité absolue, radicale du mineur. — Si l'on s'en tenait à cet article, il faudrait dire que tous les actes émanés du mineur sont nuls d'une nullité de non-existence, par suite de l'absence d'une des quatre conditions exigées par l'art. 1108 pour la validité des obligations. —Mais l'art. 1124 ne doit pas être interprété isolément, et l'on ne nous reprochera pas d'aller chercher son explication bien loin, puisque nous la trouvons dans l'art. suiv. ainsi conçu : Le *mineur*, l'interdit, la femme mariée ne peuvent attaquer leurs engagements que dans les cas prévus par la loi. —Que signifie ce texte, s'il ne veut pas dire qu'il est des circonstances où le mineur , malgré la disposition générale de l'art,

1124, sera invinciblement lié, et que la loi déterminera celles où il pourra intenter l'action en nullité.—Si nous étions réduits à ces textes, si les art. 1304 et suiv. n'étaient pas venus spécifier les hypothèses dans lesquelles les obligations du mineur sont rescindables, nous pourrions déjà affirmer que l'intention du législateur a été de repousser le système romain de l'incapacité absolue du mineur.—Mais, comme nous venons de le dire, la capacité relative du mineur proclamée en principe par les art. 1124-1125 a été organisée plus loin. — C'est dans la section VI du livre III (art. 1304 et 119) que nous allons trouver la preuve irréfragable de cette capacité que quelques auteurs lui refusent.

Là, nous trouvons toujours le mineur seul en scène. C'est ainsi, pour n'en citer qu'un exemple que l'art 1304, 3°., fixe la durée de l'action en nullité ou en rescision au jour de la majorité, à l'égard *des actes faits par les mineurs.* — L'art. 1305 en mettant sur la même ligne le mineur émancipé et le mineur non émancipé, en ce qui concerne l'action en nullité ou en rescision, ne suppose-t-il pas nécessairement qu'il s'applique à des actes faits par le mineur sous le concours et l'assistance du tuteur ? — L'art. 1307 n'est-il pas encore plus concluant, puisqu'il prévoit une hypothèse irréalisable par la présence du tuteur ?—Enfin les art. 1308, 1309, 1310, 1311, tout en posant des exceptions au droit de restitution du mineur, supposent tous qu'il a agi directement, seul, sans le concours de son représentant légal. — Invoquera-t-on l'art. 1314? mais cet art. ne s'occupe que des actes d'aliénation, de partage de succession : on n'en peut rien conclure pour ce qui regarde les actes d'administration.

Ainsi donc, en invoquant l'art. 1305 à l'appui du système de l'incapacité absolue du mineur, les auteurs de ce système sont tombés dans une méprise formelle, puisqu'il n'est applicable, son texte seul le prouve, qu'aux actes faits par le mineur sans l'assistance de son tuteur.

Restent les objections qu'on a tirées de l'art. 484. — Reconnaître au mineur capacité de s'obliger, c'est, dit-on, assimiler le mineur en tutelle et le mineur émancipé, c'est accorder plus de protection à ce dernier qu'au mineur du droit commun.

Ces objections, il faut le dire, accusent une confusion malheureuse entre l'action en rescision pour lésion et l'action en réduction. — Le mineur émancipé faisant des achats excessifs pourra les faire réduire, — mais il ne pourra pas, comme le mineur en tutelle, faire résoudre l'obligation tout entière. — Les juges auront même le droit, eu égard à la bonne foi des tiers, de maintenir les achats dans leur intégrité. — L'action en lésion n'appartient au mineur émancipé que quand il s'agit de conventions excédant les bornes de sa capacité. — Elle appartient au mineur en tutelle toutes les fois qu'il agit seul.

L'art. 485 n'a pas de portée, dit-on, si l'on permet au mineur en tutelle d'agir sans l'autorisation de son tuteur, puisque le mineur privé de l'émancipation pourra faire après ce qu'il pouvait faire avant. Mais, alors, ce ne sera plus par l'action en réduction qu'il devra agir, ce sera l'action en rescision pour lésion qu'il pourra exercer. — Et certes, la différence entre ces deux actions est assez grande pour qu'il ne soit pas permis de dire que reconnaître au mineur une certaine capacité obligatoire, c'est assimiler la tutelle et l'émancipation, le mineur qui a un tuteur et celui qui n'en a pas.

Ce reproche n'est-il pas d'ailleurs un cercle vicieux? Quoi, nous bouleversons l'organisation de la tutelle! nous accordons au mineur une capacité que le titre spécial lui refuse implicitement en ordonnant au mineur d'agir, en laissant toujours le mineur sur l'arrière-plan! — Mais doit-on circonscrire les règles, les principes de la tutelle dans le titre qui s'en occupe spécialement? Ne doit-on tenir aucun compte des art. 1124-1125, 1304 et suiv., qui, eux aussi, s'occupent du mineur et déterminent sa capacité? se borner aux termes spéciaux, n'est-ce pas plutôt désorganiser la tutelle en circonscrivant ses principes, et méconnaître la pensée législatrice?

S'il restait encore des doutes sur cette pensée, il suffirait pour les lever de se reporter aux travaux préparatoires du Code civil. — « Il résulte, disait M. Bigot-Préameneu, dans son exposé des motifs au corps législatif, « de l'incapacité du mineur non émancipé qu'il « suffit qu'il éprouve une lésion pour que son action en rescision « soit fondée. — S'il n'était pas lésé, il n'aurait pas d'intérêt à se « pourvoir ; et la loi lui serait même préjudiciable, si, sous prétexte « de l'incapacité, un contrat qui lui est avantageux pouvait être « annulé. — Le résultat de non incapacité *est de ne pouvoir être lésé* « *et non de ne pouvoir contracter.* Restituitur tanquam læsus, non « tanquam minor. » (Fénêt, tome XIII, p. 228.)

Quelle n'est pas d'ailleurs l'immoralité du système que nous combattons ? Comment le mineur pourrait, en invoquant le fait seul de sa minorité, se faire restituer contre les actes qu'il aurait consentis ! sans doute la loi a été sage en fixant un âge avant lequel l'homme ne jouissant pas encore de la plénitude de sa raison et de son intelligence, n'aurait pas une capacité entière pour s'obliger. — Mais elle ne pouvait, à raison de l'âge, prononcer une incapacité absolue, sans aller contre l'ordre moral, sans fouler aux pieds la justice et l'équité. — « Il est bien vrai, disait M. Jaubert dans son « rapport au tribunal, il est bien vrai qu'en règle générale un mineur « est déclaré incapable de contracter, mais un mineur peut être « capable de discernément. Le lien de l'équité naturelle peut se « trouver dans un contrat passé par le mineur. »

En résumé, il résulte de la combinaison des art. 1124-1125 et de leur rapprochement avec les art. 1304 et suiv., que la loi a reconnu au mineur capacité suffisante pour s'obliger, en ce qui concerne les actes d'administration, et qu'elle lui accorde comme conséquence le droit de se faire restituer pour simple lésion contre les obligations qu'il aurait à ce titre contractées sans l'assistance et le concours de son tuteur.

II. Mais est-ce là le seul cas où le mineur soit restituable pour simple lésion : ne lui accordera-t-on pas l'action en rescision contre les actes régulièrement faits par le tuteur agissant dans les limites de son mandat , mais emportant lésion? ou ne pourra-t-il attaquer ces actes que dans les cas où un majeur pourrait se faire restituer?

Ici se reproduisent les deux systèmes que nous venons d'analyser. D'un côté , l'on soutient que le tuteur est bien le mandataire du mineur , mais que son mandat cesse du jour où l'acte emporte préjudice pour le pupille. — On se fonde : 1°. sur l'intérêt du mineur. —Cet intérêt exige que, dans tous les cas, son patrimoine soit sauvegardé. — Le tuteur a strictement, régulièrement accompli son mandat. Mais le préjudice que le mineur éprouve n'est-il pas la preuve palpable que la protection du tuteur était insuffisante? Le mineur ne peut porter la peine de l'impuissance des précautions légales. — 2°. L'art. 1305 n'admet-il pas d'ailleurs que la simple lésion donne lieu à la rescision en faveur du mineur non émancipé contre toutes sortes de conventions. Peu importe que le tuteur ait été ou non un mandataire loyal et fidèle. La loi ne distingue pas si le tuteur a franchi les bornes de son mandat ou agi dans ses limites : elle ne devait pas distinguer , sous peine de faire retomber sur le pupille les fautes , la négligence de celui qu'elle appelle à veiller sur sa personne et son patrimoine. — C'est par suite de ces considérations que la loi suspend la prescription pendant la minorité (2252) ; qu'elle admet les mineurs à se pourvoir par la voie de la requête civile , s'ils n'ont été défendus, ou *s'ils ne l'ont été valablement* (481 , C. pr.). — 3°. Enfin l'article 1314 déclare que les partages de succession , les aliénations d'immeubles sont inattaquables pour simple lésion du chef du mineur quand les formalités ont été accomplies. Si la loi enlève expressément l'action en restitution au pupille pour ces deux cas , comme elle l'a fait pour les donations (463) , pour les conventions portées au contrat de mariage (1309-1398) , c'est donc qu'en règle générale le mineur peut attaquer tous les actes du mineur , quand ils n'ont pas été entourés par la loi de formalités spéciales. — La raison de ces règles exceptionnelles est , du reste , facile à comprendre. Le législateur , environnant ces actes de précautions multipliées qui protègent aussi efficacement que possible les intérêts du mineur , il était inutile de lui laisser l'arme dangereuse de l'action rescisoire , quand il était vraisemblable qu'il n'avait pas éprouvé de lésion. Mais ces exceptions ne font que confirmer le principe que tous autres actes que le tuteur a pu faire de son chef sont attaquables pour simple lésion , alors même que l'acte est valable en la forme.

Cette théorie de protection à outrance n'est pas , nous le croyons, celle de la loi.

Le tuteur est le représentant légal du mineur , et son mandat ne cesse pas du moment où , agissant dans les limites de ce mandat , l'acte entraîne une simple lésion pour le mineur. La loi elle-même a désigné le tuteur , ou bien elle a pris ces précautions pour que le pupille eût un représentant offrant des garanties pour une bonne gestion. Les textes de la tutelle 450 et suiv. , supposent tous que le tuteur oblige le mineur. Aucun ne laisse croire que ce dernier peut être considéré , dans quelques circonstances que ce soit , comme un tiers à l'égard des actes régulièrement accomplis par le tuteur. L'art. 450, § 2, en déclarant que le tuteur répondra des dommages-intérêts qui pourraient résulter d'une mauvaise gestion , ne donne-t-il pas à entendre que, lorsque le mineur sera lésé , ce sera contre le tuteur seul, non contre les tiers envers lesquels il est irrévocablement lié, qu'il devra exercer son recours ?

L'intérêt du mineur qu'on fait valoir à l'appui de la doctrine que nous combattons , n'est-il pas directement contraire ? n'exige-t-il pas impérieusement que les tiers puissent contracter sans crainte , sous l'œil de la loi , avec le représentant du mineur ? si on laisse indéfiniment suspendue sur les transactions cette menace de résolution , n'en résultera-t-il pas qu'ils s'éloigneront des conventions auxquelles les mineurs peuvent avoir un immense intérêt ?

Quant à l'art. 1305 , nous avons suffisamment prouvé qu'il ne

pouvait trouver son application dans l'hypothèse qui nous occupe.
Il n'accorde l'action rescisoire que contre les obligations de toute
nature consenties par les mineurs sans l'autorisation du tuteur : il
ne régit pas celles que le tuteur a pu prendre dans les limites de
son mandat légal.

Restent les art. 1314, 463, 1309, etc, etc.—Mais ces textes qui
fournissent à l'opinion contraire un argument à contrario, peu
concluant en général, ne sont pas le moins du monde des exceptions, mais les applications d'un principe général, à savoir que le
mineur n'est pas recevable à attaquer les actes de son tuteur régulièrement accomplis. —Nous savons quel était en cette matière le
système de l'ancienne jurisprudence. La protection que la loi accordait au mineur était excessive ; et, quoiqu'il ne lui fût plus
permis, comme à Rome, d'attaquer indistinctement tous les actes
d'administration de son tuteur, qu'ils fussent ou non entourés de
formalités spéciales, il était universellement admis qu'il pouvait
exercer l'action en nullité pour simple lésion contre tous les actes
de son tuteur emportant concession de droits réels, quelles que fussent d'ailleurs les formalités que la loi eût prescrites pour leur accomplissement. — Cette théorie illogique avait des conséquences
pratiques déplorables. — Le Code voulut remédier à cet état de
choses, et tout en consacrant par son silence la jurisprudence qui re-
fusait au mineur l'action en nullité contre les actes de pure administration du tuteur, il lui enleva expressément dans les art. 1314-
1309, etc., l'action rescisoire contre les actes d'une plus grande
importance et sur lesquels planait autrefois une révocabilité préjudiciable aux tiers et au mineur lui-même.

Ce n'est donc pas un argument à contrario qu'il faut tirer de ces
textes. Il faut dire que le Code qui modifie les principes antérieur-
rement admis en ce qui concerne les actes entourés de formalités
particulières, refuse *à fortiori* au mineur l'action en nullité quand
il s'agit des actes d'administration du tuteur. — La loi nouvelle n'a

pas voulu consacrer cette inexplicable bizarrerie de l'ancienne jùris-
prudence qui accordait au mineur l'action en nullité contre les actes
importants, revêtus de formalités nombreuses, et lui interdisait tout
recours contre les actes de son tuteur faits régulièrement, dans les
limites de son mandat, mais sans formes déterminées à l'avance. —
Elle n'a pas voulu non plus, son silence en est la preuve, changer
le droit ancien en ce qui concerne les actes d'administration. — Dans
l'une et l'autre hypothèse, les actes du tuteur sont donc désormais
inattaquables pour simple lésion, du chef de la minorité.

III. Que faut-il décider relativement aux actes pour lesquels des
formalités protectrices ont été prescrites, telles qu'aliénations d'immeubles, partages, transactions, emprunts, etc., et qui auraient
été faits par le mineur ou le tuteur sans l'observation de ces formalités ? Les motifs qui nous ont fait admettre la validité des actes d'administration consentis par le mineur sans l'assistance de son tuteur
ou par le tuteur dans les limites de son mandat, ne se reproduisent-ils
pas ici avec la même force, — et ne doit-on pas dire, si l'on veut être
logique, que ces actes sont inattaquables du chef du mineur, quand il
n'y a pas lésion? La loi ne doit pas être plus sage que la nature : et le
mineur ne peut alléguer l'omission des formalités prescrites, si, par
le fait, il n'allègue pas avoir été lesé. N'est-il pas évident que si l'on
admet que l'action en nullité ou en rescision est fondée sur la lésion
et non sur une incapacité absolue, il faut reconnaître par voie de
conséquence rigoureuse, qu'il est également non recevable à attaquer
les actes d'aliénation et ceux de simple administration, quand ces
actes ne lui ont pas été préjudiciables?

Nous ne pouvons croire, avec une jurisprudence constante, que
le législateur ait entendu pousser aussi loin la théorie que nous avons
admise à l'égard des actes d'administration. — La loi, en soumet-
tant certains actes à la nécessité de formes spéciales, en déclarant
(1314) que ces actes obligent le mineur comme s'il les eût faits en

3

majorité, lorsque les formalités ont été observées, ne décide-t-elle pas implicitement que ces actes sont nuls quand ces formalités ont été omises. Cette nullité n'est pas absolue, l'acte peut être ratifié par le pupille devenu majeur, mais il peut aussi, nous le croyons, en demander la nullité sans invoquer la lésion. — Le tuteur, en ne remplissant pas les formalités légales, agit en dehors de son mandat : il n'engage plus le mineur ; si c'est le mineur lui-même qui a contracté sans observer les formalités protectrices, la loi le déclare incapable (art. 1124), — et nous ne trouvons plus, dans l'espèce, un texte qui, comme l'art. 1305 à l'égard des actes d'administration, exige le préjudice pour que le mineur puisse intenter l'action en restitution.

L'art. 1311 qui, de même que les articles précédents, s'occupe de l'action en rescision pour lésion, vient encore confirmer notre opinion. Il déclare que « le mineur n'est pas restituable contre l'en- « gagement qu'il avait souscrit en minorité, lorsqu'il l'a ratifié en « majorité, *soit que cet engagement fût nul en sa forme, soit qu'il* « *fût seulement sujet à restitution.* » Il est bien évident que les nullités de formes dont parle cet article ne sont pas celles qui résultent de l'inobservation des formalités prescrites pour la validité de l'acte authentique : car alors l'acte étant nul dans le sens propre du mot, il ne pourrait être ratifié. — Ces formes sont celles qui sont destinées à protéger le mineur et sont exigées pour la validité des aliénations, emprunts, hypothèques consenties sur ses biens.

Ce n'est donc pas, quand ces formalités auront été omises, l'action en rescision pour lésion qu'il faut accorder au mineur, c'est l'action en nullité, qu'il y ait ou non lésion.

Enfin on a prétendu que dans le cas où le tuteur ne remplirait pas les formalités exigées, on ne devait pas appliquer au mineur la prescription spéciale de l'art. 1304. On a soutenu que le tuteur outrepassait alors son mandat et cessait d'être le représentant du mineur ; que, dès-lors, l'acte étant nul d'une nullité absolue, il n'y avait pas lieu d'appliquer la prescription de 10 années, et que le mineur pouvait demander pendant 30 ans la nullité de l'acte consenti dans ces conditions. — Cette opinion n'est pas admissible. — Des formalités ont été, il est vrai, prescrites au tuteur pour l'accomplissement de certains actes. Mais le tuteur n'est pas un mandataire ordinaire : il est (art. 450) le représentant du mineur dans tous les actes civils. Dès-lors, si l'acte qui ne réunit pas les formalités prescrites pour son entière validité, n'oblige pas le mineur, il n'en est pas moins vrai que le tuteur est resté le mandataire du mineur, malgré l'infidélité de sa gestion. — Il est si vrai que l'acte n'est pas radicalement nul, que l'art. 1311 parle du cas où il est ratifié par le pupille devenu majeur : *quod nullum est confirmari nequit.* — Le mineur ne pourra donc en demander la nullité que pendant dix ans.

IV. En résumé, la loi n'accorde au mineur le droit de se faire restituer pour simple lésion que dans le cas où il fait, seul, sans l'autorisation de son tuteur, des actes d'administration. Ce principe, du reste, comporte de nombreuses exceptions commandées par l'intérêt des tiers de bonne foi, la nécessité du crédit (1208 C. civ.— 1-2-3-6 C. de com.), ou la faveur du mariage (1309).

Quant à l'action en nullité, que le mineur allègue ou non lésion, il peut l'exercer : 1°. dans tous les cas où un majeur peut le faire (erreur, dol, violence); cas que nous n'avons pas examinés, parce qu'ils ne rentrent pas dans le plan de cette thèse;

2°. Quand le tuteur a fait, sans les formalités requises, une concession de droits réels;

3°. Quand c'est le mineur lui-même qui a fait cette concession, avec ou sans l'autorisation tutélaire.

II.

*Quels sont les effets de l'action en nullité ou en rescision qui appartient
au mineur?*

Nous n'avons point à distinguer ici entre la rescision pour lésion
de l'acte que le mineur a consenti seul et celle de l'obligation con-
tractée par le tuteur ou par le mineur lui-même sans les formalités
prescrites pour les aliénations, les hypothèques, etc., etc. Les effets
de l'action sont dans ces diverses hypothèses identiquement les
mêmes. — Il importe seulement de ne pas confondre ces effets à
l'égard des parties contractantes et à l'égard des tiers étrangers à
l'acte, mais auxquels des droits réels auraient été consentis par
l'acquéreur évincé.

1°. A l'égard des parties contractantes.

Le premier effet de l'action en nullité accordée au mineur, celui
qui donne naissance à toutes les questions que nous allons successi-
vement étudier, est de faire tomber l'acte qui est réputé n'avoir ja-
mais eu d'existence juridique, et par suite de faire rentrer le mineur
en possession de la chose aliénée. — Toutefois la restitution n'a pas
lieu quand l'acquéreur de meubles vendus par le mineur sans l'autorisation tutélaire n'a plus ces meubles en sa possession.

Que faut-il décider dans le cas où la chose qui a été mise entre
les mains de l'acquéreur périt totalement avant que le mineur ait
intenté son action en nullité ; l'acquéreur est-il tenu de la perte?
Il faut appliquer ici l'art. 1183. Pour que la condition résolutoire,
qui est, dans l'espèce, l'action en rescision, remette les choses dans
le même état que si l'obligation n'avait point existé, il faut qu'elle
s'accomplisse en temps utile. Or, si la chose vient à périr, nous ne
retrouvons plus, lors de l'accomplissement de la condition, les élé-

ments essentiels du contrat. Sur quoi la résolution pourrait-elle porter? Sur le droit de propriété de l'acquéreur? Mais cette propriété est anéantie par la perte de la chose, et l'obligation corrélative du vendeur, de rendre le prix lors de la résolution, n'existe plus faute de cause. — L'action en nullité ou en rescision intentée après la perte de la chose ne changera donc rien à la position respective du mineur et de ceux avec lesquels il aurait traité.

Si la chose n'a pas péri tout entière, pour qui sera la détérioration? Il faut distinguer : si les détériorations proviennent du fait ou de la faute du tiers-détenteur, le mineur pourra exiger des dommages-intérêts. — Mais si la chose s'est détériorée fortuitement, nécessairement, sans la faute du tiers-détenteur, le mineur n'a pas droit à une indemnité; par l'effet de l'action en rescision qui annule rétroactivement la rente consentie, il est censé avoir toujours été propriétaire, dès-lors la chose est restée à ses risques et périls.

Le mineur est-il tenu de la restitution du prix ? C'est une vente de meubles faite par le mineur seul et entraînant lésion; ou bien encore une vente d'immeubles consentie par le mineur ou le tuteur sans les formalités requises qui se trouvent résolues. L'acquéreur a restitué l'objet du contrat, le mineur, en revanche, doit-il lui en rendre le prix ? — L'art. 1312 consacre formellement l'action *de in rem verso*. Si le prix versé au mineur n'a pas tourné à son profit, s'il l'a follement dissipé, le tiers évincé ne pourra le répéter. Si, au contraire, l'argent a été placé, s'il est resté dans le patrimoine du mineur, celui-ci sera tenu à restitution.

Le mineur doit-il compte des impenses faites par l'acquéreur? On distingue, en général, trois sortes d'impenses : — les impenses *nécessaires*, indispensables à la conservation de la chose ; les impenses *utiles* à son entretien; — et les impenses *voluptuaires*, celles qui sont de luxe et ne contribuent qu'à son embellissement, — Ceci posé, il faut admettre que le mineur doit restituer intégralement les dépenses nécessaires. Sans elles, la chose eût péri : sans elles son action en rescision n'eût produit qu'une résolution illusoire. — Quant aux impenses utiles, le mineur les doit jusqu'à concurrence de la plus-value : *neminem æquum est alterius damno locupletari.* — Enfin le tiers évincé ne peut demander la restitution des dépenses voluptuaires. Celles-là, en effet, sont purement facultatives. Il n'était pas, on peut du moins le supposer, dans l'intention du mineur de les faire. On ne pourrait, sans injustice, le condamner à restituer le prix qu'elles ont coûté, prix qui dépassera souvent la valeur intrinsèque, primitive de la chose. — Il reste permis au tiers évincé d'emporter tout ce qu'il pourra enlever sans détérioration.

L'ancienne jurisprudence admettait que l'acquéreur évincé qui avait fait sur l'immeuble des constructions ou améliorations pouvait retenir l'immeuble jusqu'à ce qu'il eût été remboursé de la plus-value. (Ordonn. 1667, tit. 27, art. 9.) — Le Code civil, sans proclamer le principe d'une manière aussi précise, contient cependant une foule de dispositions qui prescrivent le paiement préalable des impenses, en cas d'éviction de l'acquéreur (867-1673-1749-1948-2280). — Doit-on étendre ces dispositions à l'espèce qui nous occupe, et dire que l'acquéreur, dépossédé par suite de l'action en nullité exercée par le mineur, peut retenir l'immeuble jusqu'au paiement des impenses par lui faites pour son entretien ou sa conservation ?

Nous ne le croyons pas. — Le droit de rétention, quoi qu'il soit, en général, favorable, est pourtant un droit exceptionnel, et il nous semble qu'en l'absence de dispositions spéciales, ce serait traiter rigoureusement le mineur que d'exiger, préalablement à sa rentrée en possession, le remboursement des améliorations faites par le tiers acquéreur. Ce serait s'exposer à priver indéfiniment le mineur de la jouissance des biens aliénés, car il peut fort bien arriver que le mineur n'ait pas d'argent pour rembourser immédiatement. — Reconnaître à l'acquéreur un droit de rétention, n'est-ce pas d'ailleurs arriver indirectement à la violation de la loi qui ne veut pas que les immeubles du mineur soient vendus sans l'observation dés formalités qu'elle a édictées ? sans doute, c'est chose grave que l'intérêt des tiers. — Mais l'intérêt du mineur, auquel la loi sacrifie si souvent les exigences du droit commun, n'est-il pas également respectable, surtout en l'absence d'un texte qui autorise la rétention ?

Le tiers évincé ne doit la restitution des fruits, qu'autant qu'il est de mauvaise foi et quand le prix de la vente n'a pas profité au mineur. Lorque ce prix a été conservé d'une manière quelconque au mineur, il ne peut être fondé à réclamer les fruits comme compensation, indemnité des risques que lui a fait courir l'aliénation pour laquelle les formalités n'ont point été observées. Ces risques ne nous semblent pas assez considérables pour opérer compensation : le mineur s'enrichirait aux dépens de l'acquéreur.

2°. A l'égard des tiers.

Des droits réels ont été consentis à des tiers par l'acquéreur : quéls sont, à leur égard, les effets de l'action en nullité ou en rescision ?

Le sous-acquéreur d'un immeuble appartenant au mineur, fût-il à titre onéreux et de bonne foi, sera tenu de rendre l'immeuble et non pas seulement le prix d'achat. L'effet de l'action en nullité est de remettre les choses dans le même état que s'il n'y avait pas eu de contrat. Le premier acquéreur n'a pu transmettre plus de droit qu'il n'en avait lui-même : la vente est nulle, d'une nullité absolue, comme celle du bien d'autrui.

Ce que nous venons de dire de la vente peut s'appliquer à l'hypothèque, aux servitudes, en un mot, à tous droits réels consentis par le premier acquéreur.

Quid des sous-acquéreurs de meubles ? Pour ceux-là la restitution ne peut avoir lieu indistinctement. Le sous-acquéreur de bonne foi n'est pas tenu à la restitution : il a prescrit instantanément (2279).

— Si , au contraire , il a traité avec connaissance de cause, sa mauvaise foi a mis obstacle à la prescription : il est tenu de rendre les meubles au mineur qui les revendique.

L'acquéreur a consenti des baux pendant le temps de sa possession , le mineur est-il obligé de les respecter ? nous le pensons : l'acquéreur , propriétaire sous condition résolutoire, avait mandat tacite pour administrer. — Il y a d'ailleurs par suite de la rescision de l'obligation , une sorte de nouvelle vente , de rétrocession; et de même que l'acquéreur était obligé de respecter les baux consentis par le mineur , celui-ci sera réciproquement tenu de maintenir ceux que l'acquéreur a pu passer avant la rescision.

Les jugements obtenus par des tiers contre le tiers-acquéreur sont-ils opposables au mineur rentrant en possession?—L'acquéreur, suivant nous, n'est que l'ayant-cause du mineur , son mandataire à fin d'acquérir ou de conserver : son mandat cesse du jour qu'il cause un préjudice au mineur. — Dès-lors, celui-ci peut opposer l'exception de la chose jugée, toutes les fois que les tiers veulent revenir sur une prétention déclarée mal fondée contradictoirement avec l'acquéreur. — Les tiers ne peuvent se servir contre lui des jugements qu'ils ont obtenus contre l'acquéreur qui, par une fiction légale, n'est plus alors son ayant-cause.

III.

Quelle est la durée de l'action en nullité ou en rescision?

I. L'art. 1304 , 1°. limite à dix années le temps pendant lequel on peut exercer l'action en nullité ou en rescision des conventions.

C'est là une exception au principe posé par l'article 2262 , qui fixe à trente années le temps pendant lequel on peut agir par voie d'action mobilière ou immobilière, personnelle ou réelle. Aussi faut-il interpréter restrictivement l'art. 1304 et se garder de l'appliquer à des actes juridiques qui ne seraient pas des conventions , quoiqu'on retrouvât, pour limiter, à leur égard, la durée de l'action en nullité, les mêmes motifs qui ont fait admettre la prescription décennale relativement aux obligations.

Remarquons encore que cette prescription de l'action en nullité ou en rescision est purement relative aux parties ou à leurs fondés de pouvoir, et que dès-lors on ne doit pas assujettir à cette prescription les tiers étrangers à la convention, et qui, par suite, pourraient éprouver un préjudice. — Ainsi les créanciers jouiront de la prescription trentenaire pour attaquer les conventions passées par leur débiteur, en fraude de leurs droits (1167).

L'art. 1304 ne s'applique qu'aux obligations simplement annulables et dont le vice constitutif date du jour de la convention. — Par là se trouvent exceptées de la prescription de dix ans les demandes en nullité d'une obligation nulle de plein droit, d'une nullité de *non esse;* et celles en résolution d'une convention synallagmatique pour inexécution de la part d'une des parties.

II. La prescription de dix ans s'applique-t-elle à l'exception comme à l'action?—Un mineur consent une obligation annulable pour lésion ou inobservation des formes prescrites. Dix ans s'écoulent, et, sur la demande en exécution formée par le créancier, il excipe de la nullité. Est-il recevable à opposer cette exception ? Peut-il invoquer la règle du droit romain : *Quæ temporalia sunt ad agendum, perpetua sunt ad excipiendum ?*

Cette règle est, suivant nous, inapplicable aujourd'hui.

A Rome, le débiteur, qui avait consenti une obligation rescindable, ne pouvait, par voie d'action principale, en demander l'annulation. C'était seulement sur la poursuite en exécution du créancier qu'il était fondé à prouver reconventionnellement la nullité. On com-

4

prend parfaitement dès-lors la nécessité de la règle *quæ temporalia*, dans la législation romaine.

Mais ces motifs n'existent plus aujourd'hui. Le débiteur peut, comme le créancier, demander la nullité de l'obligation par voie d'action principale. Si donc il n'use pas de son droit dans les dix ans, la loi élève contre lui une présomption de ratification : il ne sera plus recevable à demander, par voie de reconvention, ce qu'il serait inadmissible à demander principalement.

On a dit, il est vrai, que l'impossibilité où le débiteur était, à Rome, de demander par action principale l'annulation de ses engagements, n'était pas le seul motif qui eût fait admettre la règle *quæ temporalia;* qu'elle était également fondée sur ce qu'en définitive le débiteur peut croire que le créancier, qui ne poursuit pas dans les dix ans, renonce à l'exécution de l'obligation ; qu'il y aurait dès-lors injustice à lui reprocher son défaut d'action, quand il avait un intérêt puissant à ne pas agir principalement. Dans ce cas, en effet, n'aurait-il pas été tenu de la preuve? Cette preuve ne retombera-t-elle pas à la charge du créancier poursuivant? — L'intérêt du débiteur suffit pour créer à son profit une impossibilité morale d'intenter l'action qui suspend la prescription. — Il faut donc appliquer la loi romaine, le texte de l'art. 1304 n'indiquant pas qu'elle soit abrogée.

Cet argument nous semble fondé sur une fausse interprétation. La règle *onus probandi incumbit ei qui dicit, non ei qui negat*, s'applique à celui qui allègue un fait, un moyen quelconque, qu'il soit demandeur ou défendeur, qu'il agisse par voie principale ou reconventionnelle : *reus excipiendo fit actor*, disait encore la loi romaine.

On met en avant l'intérêt du mineur. — Mais quel intérêt aura-t-il à attendre que le créancier l'actionne en paiement? N'aurait-il pas également à prouver l'exception? Son intérêt n'exige-t-il pas au contraire que les tribunaux statuent le plus tôt possible; plus l'obligation sera récente et plus il sera facile d'en prouver les vices.

III. Le point de départ des 10 années est fixé, à l'égard des actes faits par les mineurs, au jour de la majorité (1304 3°.).

Quaht aux suspensions de prescription édictées par les art. 2251 et suiv., elles sont applicables à la prescription de l'art. 1304, comme à celle de 30 ans.

Vu :

DEMOLOMBE.

Permis d'imprimer.

Pour le Recteur absent ,

L'Inspecteur de l'Académie délégué ,

PLANCHE.

DE RESTITUTIONE MINORUM XXV ANNIS.

Ob infirmum ætatis consilium, quando quidem res cum pupillo acta
mero jure valeret, minoribus per in integrum restitutionem, a prætore consultum est.

I. Adversus omnes a quibus minor captus est, id est, præjudicium suscepit, etiam adversus fiscum, vel eos quorum in possessionem
res sua pervenit, licet cum minore non fuerit contractum, restitutio,
cognitâ causâ, competit. Attamen, si secundus emptor bonâ fide à
priori emptori solvendo rem emerit, restitutio deneganda est pupillo.

II. Ex quibus causis restitutio in integrum minoribus concedatur
vel non competat?

Prætor edicit : *quod cum minore quam vigenti annis natu, gestum
esse dicetur : uti quæque res erit, animadvertam.*

Gestum quidem generale verbum est, quod comprehendit omnia
quæ cum minore acta sunt ; sive contractibus, sive judiciis, sive
usucapionibus agatur : sive solus gesserit, ut in hæreditatis aditione,
sive tutor auctoritatem addiderit.

Sciendum est autem semper minoribus non subveniri. — Namque
omnia quæ gessère, irrita non sunt. In his tantum quæ, circumventi

aut decepti, fecerunt, damno consecuto, minoribus a prætore consultum est. Captus quoque dicitur minor cum lucrum omittit, ut puta, si hæreditatem sibi delatam non adeat, vel, optionem habens, deteriorem legatum eligat. Neque necesse est ab eo adversarii dolum probari : imperitia minoris alterius doli vice fungitur.

Si præjudicium fato contigit, aut, si minor grave deliquit, sive dolo malo egit, non restitutioni locus est. Non captus enim esse videtur, quum rem sibi necessariam emit, licet morti obnoxiam. — In alia specie, restitutione indignum delicto vel dolo se præbuit : *malorum mores infirmitas animi non excusat.*

III. Qui sint restitutionis effectus? — In priorem statum res redigendæ sunt.

Inter minorem tantum et eos qui cum eo negotium gesserunt, restitutionis concluduntur effectus. — Neque restitutio prodest eis quibus cum minore commune negotium erat, neque fidejussoribus. Namque si minori fidejussores adhibiti non fuissent, illum adversùs quem restitutio impetratur, cum pupillo negotium non contraxisse fere certum est. — Utilis tamen fidejussori restitutio, si creditoris dolus intercesserit. Turpitudine sua creditor favore indignum sese præbuit.

IV. In integrum restitutio quadriennio post minorenitatem, vigenti quinque annis minoribus conceditur.

QUÆSTIONES.

I. — Num minoris restitutio fidejussori prosit, si minorenitatem ignoraverit ?

Respondeo non prodesse, nisi pro minore certam personam assumente fidejusserit.

II. — An minor restituendus sit, si major factus, aliquid in consequentiam actûs validi jure gesserit ?

Respondeo restitutionem non competere minori.

III. — Num minor possit fundum, absque solemnitatibus, à tutore curatoreve venundatum vindicare, si jam major factus ab isto pretium petierit ?

Respondeo adhuc posse , modò id nundum fuerit consecutus.

IV. — Non restitutioni locus sit post quadriennium, modò exceptione non actione proponatur ?

Respondeo locum esse.

Visa :

E. DEMOLOMBE.

Typis mandetur.

Pro Rectore absente,

Inspector Academiæ ,

PLANCHE.

Caen , Imp de A. Hardel.